DAS MAFIA-KOCHBUCH

Italo-amerikanische Küche,
Chicago 1970

Joe Cipolla
Deutsche Bearbeitung: J. J. Rossi

verlegt von Wolfgang Hölker

Es war am Morgen des 25. Oktober 1967. Ich saß an der Bar des Park-Sheraton-Hotels in Manhattan und schlürfte gerade meinen Capuccino, als Albert Anastasia hereinkam. Er kam direkt auf mich zu, klopfte mir auf die Schulter und fragte: "What's cooking, Jo!" Doch, ehe ich ihm sagen konnte, was los war, war er schon wieder weg zum Hotel-Friseur. Es sollte – wie sich dann später herausstellte – seine letzte Rasur sein. Ihm und Maria Cipolla, meiner Mutter, ist dieses Buch gewidmet.

EINWEIHUNGS-DINNER

Meine ersten Weihen bekam ich in New York City, genauer gesagt in Little Italy, im Herbst des Jahres 1911. Man führte mich in ein Restaurant, wo meine Freunde schon auf mich warteten. Der „stoppagliero" stach mit einer Nadel in die Kuppe meines Mittelfingers und preßte soviel Blut heraus, wie nötig war, um ein kleines Votivbild der heiligen Rosalia damit zu durchtränken. Danach steckte mein Pate das Papier in Brand, und mit der Asche in der Hand mußte ich dann folgenden Schwur leisten: „Ich schwöre, meinen Brüdern treu zu sein, sie niemals zu verraten und ihnen allezeit beizustehen. Sollte ich diesen Eid jemals brechen, möge ich zu Asche verbrannt werden wie dieses Bild."

SPAGHETTI 'GREASEBALL'

(Greaseball = ältere Mitglieder, die nicht in den USA geboren sind)

1 grüne Paprikaschote / 1 Pfd. reife Tomaten / 1 kleine gewürfelte Aubergine / 8 schwarze Oliven (sizilianisch) / 1 Eßl. Kapern / 4 Eßl. Olivenöl / 1 Knoblauchzehe / einige feingewiegte Anchovisfilets / feingehacktes Basilikum / 1 Pfd. Spaghetti / Parmesankäse.

Die Paprikaschote über einer Flamme drehen, bis die Haut gleichmäßig schwarz geworden ist. Die Haut mit einem Kartoffelmesser entfernen. Die Schote aufschneiden, das Innere entfernen, das Fruchtfleisch trocknen und in schmale Streifen schneiden (mit Essig, Öl und Kräutern ergibt das auch einen herrlichen Salat). Die Tomaten aufschneiden, die Auberginen würfeln, die Oliven entsteinen und die Kapern feinhacken. Öl, Knoblauchzehe, Anchovis, Auberginen und Tomaten in eine Pfanne geben und auf kleiner Flamme unter Rühren so lange erhitzen, bis die Auberginen goldbraun sind. Oliven, Basilikum, Paprika, Kapern und falls nötig etwas Salz hinzufügen. Alles gut durchmischen, einen Deckel auf die Pfanne geben und das Gemüse auf kleiner Flamme langsam dünsten lassen.
Die Nudeln mit ein wenig Salz in kochendes Wasser geben und abgießen, wenn sie noch ein wenig fest sind (al dente).
Die Nudeln mit der Soße vermischen und reichlich geriebenen Parmesankäse darüberstreuen.

SIZILIANISCHES FLEISCHBROT

3 Eier / Petersilie / 250 g Rindergehacktes / Paniermehl / 1 Handvoll geriebener Käse / Salz / frisch gemahlener Pfeffer / 1 große Scheibe Kalbfleisch (ca. 500 g) / 125 g feingeschnittene Salami / 125 g mittelalter gewürfelter Käse / 5 Eßl. Olivenöl / 1 Knoblauchzehe / 1 Glas Rotwein / 1 größere Dose Tomatenmark.

Zwei der Eier hart kochen und die Petersilie feinhacken. Gehacktes, Paniermehl, Petersilie, geriebenen Käse und den Pfeffer in eine Schüssel geben und mit dem restlichen Ei vermengen. Das Kalbfleisch klopfen, leicht salzen und pfeffern. Danach die Fleischmischung auf das Kalbfleisch verteilen, die in Scheiben geschnittenen, hartgekochten Eier, die feingeschnittene Salami und den gewürfelten Käse darauf geben. Das Fleisch vorsichtig wie eine Roulade aufrollen und mit einem dünnen, farblosen Faden umwickeln. Nach Möglichkeit eine

ovale Pfanne benutzen, Öl hineingeben und die Knoblauchzehe darin kurz anbräunen. Den Knoblauch herausnehmen und das

Fleischbrot in die Pfanne geben. Von allen Seiten gleichmäßig anbräunen, danach mit dem Wein übergießen und weiter braten lassen, bis der Alkohol verdampft ist. Das Tomatenmark in ein wenig warmem Wasser auflösen, über das Fleisch gießen und das Ganze auf kleiner Flamme etwa eine Stunde brutzeln lassen. Wenn das Fleisch zu trocken wird, etwas Wasser oder Bouillon zufügen. Wenn der Braten gar ist, herausnehmen und einen Moment abkühlen lassen. Danach in nicht zu dicke Scheiben schneiden. Die Bratensauce mit etwas Mehl andicken, glattrühren und heiß über das Fleisch gießen.

Teig zu einem Ball formen, in ein Tuch wickeln und 1 Std. ruhen lassen. Nun wird die Cremefüllung hergestellt: Die ricotta –

ungesalzener frischer Quark (Gervais) – durch ein Sieb in eine Schüssel drücken, 3/4 des Puderzuckers zusammen mit 1 Eßl. Likör hinzufügen und alles gut durchmischen, bis eine glatte Masse entsteht. Nun werden das gehackte Orangeat und Zitronat, sowie einige Stückchen Schokolade untergerührt. Die Füllung teilen und zu dem einen Teil den restlichen Teelöffel Kakao geben, danach die Creme einige Zeit in den Kühlschrank stellen. Nun die Holz- oder Blechröhren einfetten und den Teig

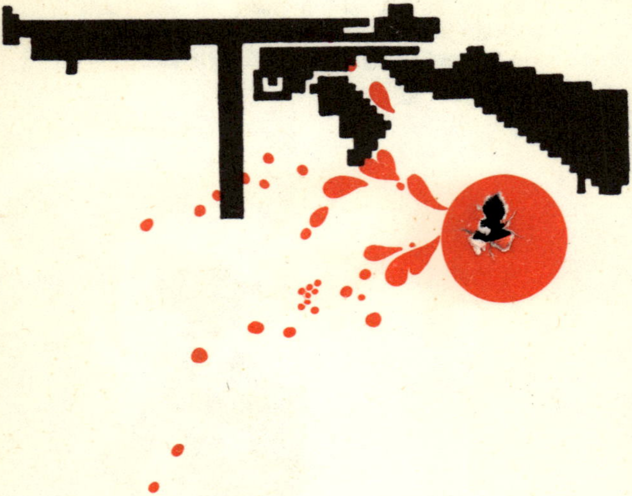

dünn auswalken. Kreise von 10 cm Durchmesser ausstechen und mit der Teigrolle oval ausrollen. Nun den Teig um die Formen wickeln, und zwar so, daß sich die Ränder überlappen. Die Öffnungen an den Seiten etwas erweitern und dann etwas verquirltes Eiweiß darüberstreichen, damit die Rollen beim Backen nicht aufgehen. Einen Frittiertopf mit ausreichend Fett oder Öl aufsetzen, gut heiß werden lassen, ohne daß das Fett jedoch raucht. Nun nicht mehr als zwei Cannoli gleichzeitig ausbacken, bis sie goldbraun sind, auf Küchenkrepp abtropfen lassen, und wenn sie abgekühlt sind, die Röhren entfernen. Danach das Gebäck völlig auskühlen lassen und anschließend auf der einen Seite mit Kakaofüllung und auf der anderen Seite mit der Schokoladencreme füllen und die Öffnungen mit einer halben kandierten Kirsche schließen. Die Cannoli auf eine Platte setzen, mit Puderzucker bestreuen und so schnell wie möglich servieren.

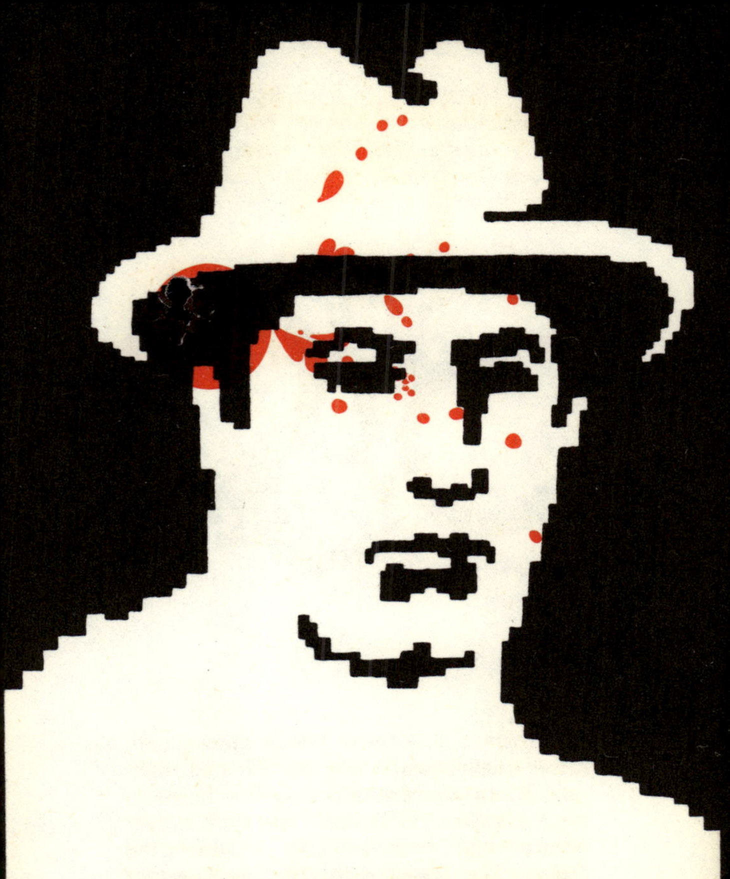

Das FBI behauptet, die Gesamtzahl unserer Familienangehörigen und Mitarbeiter würde etwa 250 000 betragen. Ich wäre selbst nie auf die Idee gekommen, daß es so viele sind.

PASTA IN CALABUSA

(Calabusa = siziliansiche Bezeichnung für eine große Gefängniszelle)

2 Eßl. Rosinen / 1 kleiner Blumenkohl / 3/4 dl Olivenöl / 1 Zwiebel in dünnen Scheiben / 3 Eßl. Tomatenmark / 1 dl heißes Wasser / Anchovisfilets / 2 Eßl. Piniensamen (hier schwer erhältlich, man kann dafür auch gehackte Mandeln nehmen) /

500 g Makkaroni / reichlich geriebener Parmesankäse oder anderer harter Käse / frisch gehacktes Basilikum / Salz und Pfeffer nach Geschmack.

Die Rosinen in warmem Wasser einweichen, etwas quellen lassen und gründlich abtrocknen. Blumenkohl waschen und in Salzwasser nicht ganz gar kochen. Aus dem Wasser nehmen und auf einem Sieb gut abtropfen lassen. Die Zwiebelscheiben in Olivenöl leicht anbräunen und das mit warmem Wasser etwas verdünnte Tomatenmark zufügen. Einen Deckel auf die Pfanne geben und alles auf kleiner Flamme ein paar Minuten durchkochen lassen. Danach den in Röschen zerlegten Blumenkohl zugeben. Die Anchovisfilets in ein paar Löffeln Olivenöl so fein zerdrücken, daß sie sich ganz auflösen. Diese Soße zusammen mit den abgetrockneten Rosinen und den Piniensamen bzw. Mandeln zum Blumenkohl geben. Gut vermengen und das Ganze gut durchziehen lassen. Makkaroni auf die übliche Art kochen. Danach die gut abgetropften Nudeln in eine Schüssel geben, die Soße darübergießen und das Ganze mit reichlich geriebenem Käse und dem gehackten Basilikum bestreuen.

TÄUBCHEN LUPARA

(lupara = Gewehr mit abgesägtem Lauf, mit Nägeln, Schrauben, Muttern usw. geladen)

4 Tauben / feingeschnittene Salbeiblätter / 1 Handvoll gehackte Petersilie / 2 zerdrückte Knoblauchzehen / 2 Eßl. gehackte Kapern / einige Eßl. Olivenöl / geriebene Schale einer Zitrone / weißer Essig / Salz und Pfeffer.

Die Tauben rupfen und abflämmen, um die letzten Federchen zu entfernen. Ausnehmen und Herz, Magen und Leber aufheben. Sorgfältig waschen und dann das Brustfleisch auslösen. Danach auch den Rest des Fleisches von den Knochen lösen. Die Bruststücke im Ganzen lassen und das restliche Fleisch in kleine Stücke schneiden, die feingeschnittenen Innereien, sowie den geschnittenen Salbei, die Petersilie, den Knoblauch und die Kapern hinzufügen. Einige Löffel Olivenöl in einer Bratpfanne auf mittelgroßer Flamme erhitzen und zunächst die Bruststücke schön braun braten. Nun einige Eßlöffel Essig und die geriebene Zitronenschale zugeben und einkochen lassen. Dann erst die Fleischstücke salzen und pfeffern und das restliche geschnittene Fleisch in die Pfanne geben, zudecken und eine Stunde langsam schmoren lassen. Heiß servieren.

PRESTO SALAT

(presto = schnell, eilig)

Fenchel / junge Möhren / kleine Zucchini / Gurke / Sellerie / Olivenöl / Zitronensaft / Salz und Pfeffer.

Das ganze Gemüse fein hacken und in eine Salatschüssel geben. Aus Olivenöl, Zitronensaft, Salz und Pfeffer eine Soße herstellen und über den Salat gießen.

RAVIOLI VOM BARON

Nicola Barone, „Der Musikant", ist ein ruhiger, gesetzter Mann, mit einer sanften Stimme und nicht einem Laster: Er raucht nicht, er trinkt nicht und er spielt auch nicht. Seine einzige Leidenschaft ist es, seine Klaviertechnik zu verfeinern und zur höchsten Vollendung zu bringen. Er hat inzwischen eine derartige Virtuosität darin erreicht, mit einer Klaviersaite den Kopf eines "'nfame" vom Rumpf zu trennen, daß nicht ein einziger Tropfen Blut mehr auf sein monogrammbesticktes Seidenhemd fällt.

Füllung:
750 g getrocknete Kastanien / reichlich 200 g gesüßtes Kakaopulver / 1 Pfd. geraspelte Bitterschokolade / Zucker nach Geschmack / 3 Eßl. Mandelkerne / 3 Eßl. kandierte Früchte / Olivenöl / Zimt und gemahlene Nelken / Honig.

Teig:
500 g Mehl / 150 g Zucker / geriebene Schale einer Zitrone / 2 Gläser Vermouth / 1 1/2 Glas Olivenöl / 1/2 Glas Wasser.

Die Kastanien über Nacht in Wasser weichen lassen und danach so lange kochen, bis sie weich und leicht zu zerdrücken sind; abgießen und durch ein Sieb in eine Schüssel drücken. Kakao zusammen mit der geraspelten Schokolade und ggf. dem Zucker zu den Kastanien fügen und gut vermengen. Die feingestampften Mandeln und die kandierten, zerkleinerten Früchte ebenfalls zugeben. Das Mehl auf ein Backbrett geben, den Zucker und die geriebene Zitronenschale dazugeben, sowie das Olivenöl, den Vermouth und das Wasser. Den Teig gut kneten, bis er geschmeidig geworden ist. Nun wird er ausgerollt und Kreise von etwa 7 1/2 cm Durchmesser werden ausgestochen. Auf jeden Kreis etwas von der Füllung geben und dann zusammendrücken. Darauf achten, daß die Ränder gut festgedrückt sind. Die Ravioli in heißem Olivenöl goldbraun ausbacken und danach gut abtropfen lassen. Auf einer mit Zucker und den Gewürzen bestreuten Platte servieren und ein wenig warmen Honig darübergießen.

FLEISCHSOSSE SANTA ROSALIA

(Santa Rosalia = Schutzpatronin von Palermo)

Petersilie und Sellerie / Zwiebeln / 1 Möhre / 1 Knoblauchzehe / 4 Eßl. Olivenöl / 2 Eßl. Butter / Salz, Pfeffer und gemischte Kräuter / 350 g Rindergehacktes / 350 g Schweinegehacktes / 2 1/2 dl Wein / 1 1/2 Döschen Tomatenmark / 3 dl Bouillon.

Petersilie und Sellerie zusammen mit einer großen Zwiebel, der Möhre und der Knoblauchzehe feinhacken. Das Olivenöl und die Butter, Salz, Pfeffer und die gemischten Kräuter in einer Bratpfanne bei mäßiger Temperatur erhitzen. Die gehackte Zwiebel und das andere Grünzeug in die Pfanne geben und ab und zu umrühren. Wenn die Zwiebel braun zu werden beginnt, wird das Gehackte zugefügt und angebraten. Das Fleisch soll gar sein, bevor die Flüssigkeit zugegeben wird, sonst bekommt die Soße einen faden Geschmack. Nun den Wein über das Fleisch gießen und die Flamme groß stellen, um den Alkohol unter ständigem Rühren verdunsten zu lassen. Das Tomatenmark in der Bouillon auflösen und zum Fleisch geben. Die Soße 1 1/2 Std.

langsam dünsten lassen und falls nötig noch etwas Wein oder Bouillon nachgießen. Wenn man diese Soße zu Canneloni servieren will, sollte sie ziemlich fest sein.

KALBSRIPPE (SCARFACE) „NARBEN-JOE"

4 dicke Scheiben Kalbsrippe ohne Knochen / 4 dicke Scheiben Schinken / Olivenöl / 1 Zwiebel / 1 dicke Scheibe gewürfelter roher Schinken / 1 Möhre / Basilikum / Sellerie / Petersilie / Salbei / 1 Glas trockener Weißwein / 2 milde Pepperoni /

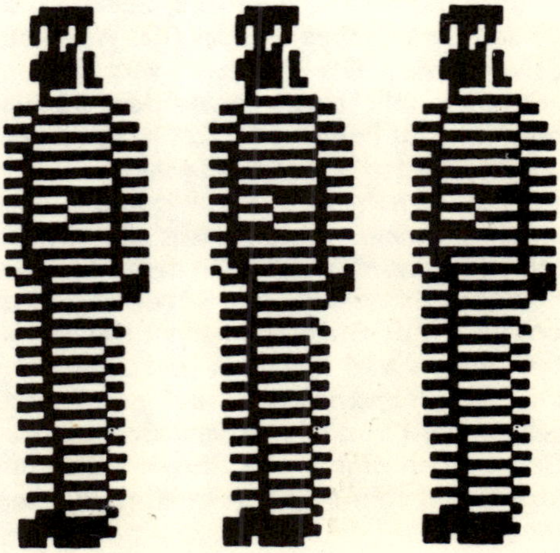

2 große reife Tomaten / 4 Scheiben Brot, in Olivenöl gebacken / Salz und Pfeffer nach Geschmack.

Jede Scheibe Kalbsrippe in eine Scheibe Schinken wickeln. Mit einem Faden umwickeln und das Fleisch in einer Bratpfanne in ein wenig Olivenöl braun werden lassen. Die Zwiebeln und den rohen Schinken fein würfeln und in eine feuerfeste Form geben. Das angebratene Kalbfleisch mit dem zusammengebundenen Grünzeug (Möhre, Basilikum, Petersilie, Sellerie und Salbei) daraufgeben und das Glas Weißwein darübergießen. Die Pfanne gut verschließen, entweder mit einem passenden Deckel, oder mit Alu-Folie und 1 Std. in den vorgewärmten mittelheißen Ofen geben.

In der Zwischenzeit die Pepperoni über einer Flamme sengen, bis die Schale schwarz geworden ist. Nach dem Abkühlen häuten, aufschneiden, die Samen entfernen und in dünne Ringe schneiden. Die Tomaten schälen und halbieren und zusammen mit den Pepperoniringen auf das Fleisch geben. Die Form wieder schließen und das Ganze noch eine halbe Stunde schmoren lassen. Auf den gebackenen Brotschnitten servieren.

AL'S CAPONATA

(Caponata = gemischtes Gemüse in Essig)

Al Capone war 23 Jahre alt und Tellerwäscher in einem billigen Lokal in Brooklyn, als im Jahre 1920 "The 18th Amendment" – die Prohibition – in Kraft trat. Sieben Jahre später war er in Chicago „Capo" – der Boss – eines Schmuggler- und Gangstersyndikats mit einem jährlichen Umsatz von 105.000.000,– Dollar. Ein englisches

Magazin – der Name ist mir entfallen – nannte ihn "The 19th Amendment". Auf dem Höhepunkt seiner Macht wurde Capones Jahreseinkommen auf 30.000.000,– Dollar geschätzt. In der Zeit, in der er Boss

war, wurden in Cook Country mehr als 500 Morde von „Gangs" verübt, ohne daß es je zu einem einzigen Schuldspruch kam. Capone selbst wurde schließlich zu 11 Jahren Gefängnis verurteilt – wegen Einkommensteuerhinterziehung. Er starb 1947 an Herzversagen. Er lebte stets nach der goldenen Regel der Abstinenzler: „Klar denken und sauber leben".

1 kg Auberginen / Salz / 1 Pfd. Zwiebeln / 4 Eßl. Olivenöl / 1 Pfd. Tomaten / 2 Eßl. Kapern / 100 g gewürfelter Bleichsellerie / entkernte schwarze Oliven mit Knoblauch / Essig / 1 Teel. Zucker.

Auberginen waschen, in Stücke schneiden und auf ein Geschirrtuch legen; mit Salz bestreuen und eine Stunde stehenlassen. Die in Ringe geschnittenen Zwiebeln in Öl gut bräunen. Dann werden die Kapern, der Sellerie und die Oliven beigefügt. Alles kurz anbraten und die geschnittenen Tomaten zugeben. Sobald diese gar sind, wird die Pfanne vom Feuer genommen. Die Auberginen vorsichtig abtrocknen, danach in Öl goldbraun backen, abtropfen lassen und zu dem Tomatengemisch geben. Den Essig zusammen mit dem Zucker darübergießen, gut vermengen und noch kurz schmoren lassen, bis der Essig verdampft ist. Die Caponata kann kalt als antipasto (Vorspeise) oder als warme Gemüseschüssel gereicht werden.

KUGELN

1 Pfd. Mehl / 20 g Hefe / Olivenöl / Salz (oder Zucker, oder Honig).

Das Mehl in eine große Schüssel geben und in der Mitte eine Vertiefung machen. Die

Hefe in ein wenig warmem Wasser auflösen, zu dem Mehl geben und gut durchkneten. Löffelweise warmes Wasser mit etwas Salz beifügen – der Teig muß sehr geschmeidig sein. Wenn der Teig gut geknetet ist, soll er

in einer zugedeckten Schüssel etwa eine Stunde gehen, bis sich Blasen gebildet haben. In einer Frittierpfanne nun schnell Öl heiß werden lassen und sobald das Öl raucht, den Teig löffelweise hineingeben. Braun ausbacken und auf Küchenkrepp abtropfen lassen. Die Kugeln können gesalzen werden, oder mit Zucker oder flüssigem Honig bestreut werden, je nachdem, ob man trockenen oder süßen Weißwein dazu reicht.

CHAMPIGNONSOUPPA

(Souppa = Amerikanisierung des italienischen Wortes zuppa = Suppe)

2 Eßl. Butter / Olivenöl / 1 feingeschnittene Zwiebel / 1 zerdrückte Knoblauchzehe / 1 Pfd. Champignons / 1/2 Pfd. kleine Tomaten / 2 Päckchen Bouillon / Petersilie / 2 Eier / geriebener Käse / Pfeffer / Croutons.

In einem Suppentopf Butter und Öl zusammen erhitzen, und die Zwiebel und den Knoblauch darin glasig werden lassen. Geputzte Champignons blättrig schneiden, kurz mitbraten lassen. Die Tomaten durch den Fleischwolf oder Mixer drehen und dazugeben. Die Bouillon in 1 l sehr heißem Wasser auflösen, über die Pilze gießen und alles auf kleiner Flamme 20 Minuten kochen lassen. Kurz vor dem Servieren die Petersilie feinhacken, die Eier, den geriebenen Käse und ein wenig Pfeffer damit verschlagen und das Gemisch unter ständigem Rühren in die Suppe geben. Die Suppe in eine Terrine gießen und mit in Butter gebackenen Croutons garnieren.

SALSICCIA IN SACK UND ASCHE

(Salsiccia = frische Wurst)

1 1/2 Pfd. frische Wurst / Holzkohlenfeuer

Fragen Sie Ihren Metzger nach kräftig gewürzter Wurst. Die Wurst in Stücke von ca. 15 cm schneiden, die in Alufolie gerollt werden. Die Folie muß gut verschlossen sein. Die Würstchen in heiße Asche legen, wo sie 20 Minuten backen sollen. Senf und Tomatenketchup, Pfeffer und Knoblauch dazu servieren.

ARTISCHOCKEN TERRANOVA

Da wir gerade über Gemüse sprechen, kann ich nicht umhin, ein paar Worte über Ciro Terranova, "The Artichoke King", zu sagen, der zusammen mit Gemüse viele andere wichtige Dinge vertrieb. Ciro war der große Mann der East 116th Street in New York: auf Hochglanz polierte Schuhe, dicke Zigarre, diamantene Krawattennadel und sorgfältig manikürte Fingernägel. Er kaufte einfach alle Artischocken auf, die in der Stadt auf den Markt kamen, setzte den Verkaufspreis fest und machte so pro Artischocke einen Gewinn von 1 Penny.

War jemand mit diesem Vorgehen nicht

einverstanden, bekam er einen speziellen Vertrag, oder aber es wurde ein spezielles Geschenkpaket bei ihm abgeliefert – gefüllt mit Artischocken.

Ciro selbst überwachte das Einpacken, um sicherzugehen, daß auch ein „Guinea football" mitverpackt wurde.
(Guinea football = selbstgebastelte Zeitbombe).

3 Eßl. Petersilie / 6 Artischocken / Saft von einer Zitrone / 1 gehackte Zwiebel / 1 Eßl. Tomatenmark / Salz / 6 kleine Kartoffeln / 3 Eßl. Olivenöl.

Die Artischocken zerlegen, danach einige Zeit in Wasser, dem der Zitronensaft beigefügt wurde, legen. Drei Eßl. Olivenöl, die gehackte Petersilie und die Zwiebel in eine große Pfanne geben. Die Artischockenblätter dazugeben und alles auf mittlerer Flamme etwas anbräunen lassen. Das Tomatenmark in ein wenig warmem Wasser auflösen, nach Geschmack salzen und dann zu dem Gemüse geben und noch etwas durchkochen lassen. Anschließend die Kartoffeln dünn schälen, in nicht zu kleine Stücke schneiden und zusammen mit 1 1/2 dl Wasser zum Gemüse geben.
Die Artischocken bei nicht zu großer Hitze in ca. 40 Minuten darin garen, bis die Soße dick geworden ist. Heiß servieren.

MARZIPANTROPFEN

2 Pfd. süße Mandeln / einige bittere Mandeln / 750 g Zucker / 4 Eier / 1/2 Teel. Vanillezucker / geriebene Schale von zwei Zitronen / etwas Mehl.

Die Mandeln feinhacken und dann mit dem Zucker, den Eiern, dem Vanillezucker und der geriebenen Zitronenschale vermengen. Die Masse gründlich kneten. Kleine Bällchen daraus formen, in Zucker wälzen und auf ein mit Mehl bestäubtes Backblech setzen. Die Marzipantropfen im vorgewärmten Ofen bei leichter Hitze 20 Minuten backen.

MACCARONI VICARIA

(Vicaria = sizilianisch für Gefängnis)

2 Eßl. Speck / 1 Knoblauchzehe / 250 g Rindfleisch / 1 Glas Rotwein / 1 Pfd. reife Tomaten / 1/2 l Bouillon / Salz und Pfeffer nach Geschmack / Basilikum / 300 g Makkaroni / geriebener Käse.

Den Speck würfeln und auf großer Flamme in einer großen Pfanne auslassen; die Knoblauchzehe braun werden lassen und danach das feingewürfelte Fleisch braten. Wenn das Fleisch schön braun ist, den Wein darübergießen und kurz stark erhitzen, bis der Alkohol verdampft ist, danach die Flamme wieder klein stellen. Die Tomaten häuten, in Stücke schneiden und zum Fleisch geben, ebenso Bouillon, Salz, Pfeffer und das Basilikum. Das Ganze eine halbe Stunde leise schmoren lassen. Falls die Soße zu dick wird, fügt man Wein hinzu. Die Makkaroni auf die übliche Art kochen, abtropfen lassen und mit der Soße und dem geriebenen Käse servieren.

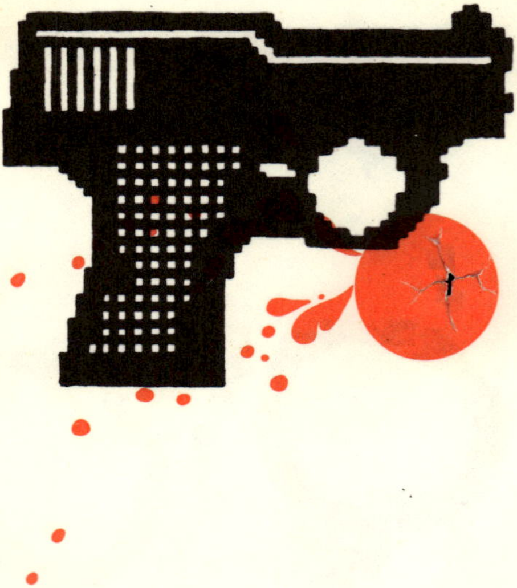

BROOKLYN – BRÖTCHEN

2 Artischocken / Saft von einer Zitrone / 1 Scheibe roher Schinken (1/2 cm dick) / 3 Eßl. Butter / 1 Pfd. mageres Rindfleisch in 8 Scheiben / Mehl / Olivenöl / 1/2 gehackte Zwiebel / 1 kleines Glas Weißwein / Salz und Pfeffer nach Geschmack.

Die Artischocken unter fließendem Wasser waschen, die äußeren und harten Blätter entfernen und einige Minuten mit Zitronensaft und Salz in Wasser kochen. Umgedreht auf einem Tuch ablaufen lassen. Den Schinken sehr fein schneiden und mit der Butter vermengen. Die Fleischscheiben flach klopfen und auf jede Scheibe etwas von dem Schinken-Butter-Gemisch und zwei Teile des Artischockenbodens geben; die Scheiben aufrollen und mit einem Faden umwickeln. Die „involtini" (gefüllte Fleischrollen) mit Mehl bestäuben und in Butter und der gehackten Zwiebel anbräunen. Dann mit dem Wein übergießen, die Pfanne mit einem Deckel verschließen, und das Gericht langsam gardünsten.

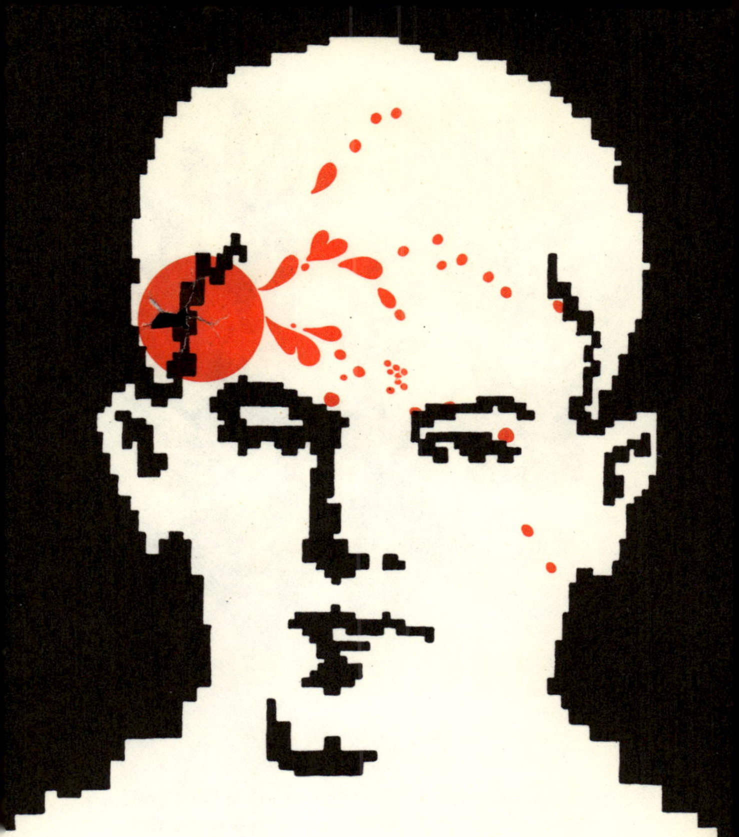

PAPRIKA DEL RICOTTARO

(Ricottaro = vielversprechendes junges Mitglied der Mafia)

Der Castellamare-Krieg war im Grunde ein Konflikt zwischen den „alten Herrn", die die Familien seit Beginn des Jahrhunderts geführt hatten und einer Gruppe von „ricottari", die dann später das Sagen gehabt hat. Den Startschuß zu dem Krieg gab Guiseppe Masseria: er sprach 1930 über einige in den USA lebende prominente Sizilianer das Todesurteil aus. Das Gefecht begann in New York, breitete sich aber dann schnell über das ganze Land aus.

Innerhalb von 48 Stunden wurden 50 Cappi (Bosse) aus der alten Generation ermordet. Aber schließlich blieb selbst der Mann auf der Strecke, der diesen Krieg eigentlich angezettelt hatte. – Masseria wurde im April 1931 in einem Restaurant in Coney Island unter Vertrag gestellt.
(Family, families = Abteilungen, in die die Cosa Nostra unterteilt ist. „unter Vertrag stellen" = ermorden).

4 große Paprikaschoten, in Ringe geschnitten / Olivenöl / 300 g reife Tomaten, in Stücke geschnitten / 3 Eßl. Tomatenmark / Salz.

Paprika waschen, Inneres entfernen, in Ringe schneiden und 10 Minuten in Öl kochen (nicht backen!). Dann Tomatenmark, die geschnittenen Tomaten und das Salz zufügen. Alles noch 10 Minuten langsam kochen lassen.

HASELNUSS-MERINGUES

Der unlängst verstorbene Boss von Las Vegas – Arancio „Baccalà" Boiardi – gehörte zu den Männern, deren Jahreseinkommen nicht zu schätzen war. Dennoch lebte er streng nach unseren alten Regeln, die jeden übertriebenen Prunk verboten. So fuhr er auch stets in einem gewöhnlichen, serienmäßigen Cadillac – dessen Frontscheiben zwar nach seinen Augen geschliffen waren – aber nur, weil er kurzsichtig war. Seine gediegene Villa war zwar auf einer Art Drehtisch erbaut, der sich mit der Sonne drehte – aber nur, weil er sich einmal unter der Höhensonne die Nase verbrannt hatte, und in seinem Mund blitzten auch nur deshalb Diamantkronen, weil Diamanten schlichtweg haltbarer sind als Gold.

300 g Haselnüsse / 4 Eiweiß / 200 g Zucker / geriebene Schale einer Zitrone / 1 Teel. Butter / Mehl.

Die Nüsse sehr fein hacken, das Eiweiß zusammen mit dem Zucker sehr steif schlagen, die Nüsse und die geriebene Zitronenschale vorsichtig unterziehen. Ein Backblech mit der Butter einfetten und mit Mehl bestäuben. Die Masse löffelweise auf das Blech setzen, aber genügend Abstand zwischen den Häufchen lassen. Im warmen Ofen eine halbe Stunde backen. Die Meringues müssen dann trocken sein, sollen aber ganz weiß geblieben sein. Mit Früchten servieren, oder als Gebäck zu süßem Wein.

BUTTERFLY-NUDELN

Salvatore Manganato – ein Junge aus meiner Familie – war außergewöhnlich mager. Sie nannten ihn „Madame Butterfly". Von Opern hatte er jedoch keinen blassen Schimmer, er verdankte seinen Beinamen lediglich der Tatsache, daß es nicht ein einziges Gitterfenster gab, das ihn im Knast halten konnte. Er war so mager, daß die „Bullen" mit einer Handschelle für seine beiden Handgelenke auskamen. Um ihn zu durchleuchten, brauchte der Gefängnisarzt ihn nur vor ein sonniges Fenster zu stellen, und er war bisher auch der einzige Mann in der gesamten Organisation, der es fertiggebracht hat, durch die Gitter der „Maria Maddalena" zu kriechen.
(Maria Maddalena = grüne Minna)

1 Pfd. dünne Spaghetti / Salz / 3 Eßl. Olivenöl / 1 zerdrückte Knoblauchzehe / 4 milde getrocknete Paprikaschoten / geriebener Käse.

Die Nudeln in Salzwasser kochen. In der Zwischenzeit das Öl in der Pfanne erhitzen, den Knoblauch und die Paprikaschoten dazugeben und auf kleiner Flamme langsam brutzeln lassen. Die Soße über die abgetropften Nudeln geben und reichlich mit geriebenem Käse bestreuen.

SÜSSAURES KANINCHEN

1 Kaninchen / 3 dl Rotwein / 2 in dünne Ringe geschnittene Zwiebeln / 2 bis 3 Lorbeerblätter / Pfefferkörner / 125 g fetter Speck / Mehl / Salz und Pfeffer nach Geschmack / 50 g Rosinen / 2 Eßl. Zucker / 2 bis 3 Eßl. Essig / 50 g Pinienkerne oder Mandeln.

Das Kaninchen ausnehmen, waschen, gut abtrocknen und in Stücke schneiden. Die Teile in einen schweren Topf (kein Aluminium) geben; 1 geschnittene Zwiebel mit dem Wein in einen zweiten Topf geben, die Lorbeerblätter und Pfefferkörner zufügen und diese Marinade eine Minute aufkochen lassen. Nachdem sie abgekühlt ist, wird sie über das Fleisch gegossen, das mehrere Stunden in der Beize liegen soll. Den Speck und die andere Zwiebel sehr fein schneiden

und zusammen anbraten. Das Kaninchen aus der Beize nehmen, abtropfen lassen, kurz in Mehl wenden und anbraten, danach salzen und pfeffern. Nun das Fleisch nach und nach mit der gesiebten Marinade auf-

gießen. Falls die Flüssigkeit nicht ausreicht, kann man auch Bouillon oder Wasser zufügen. Wenn das Fleisch gar ist, wird es in eine flache feuerfeste Form gegeben, die eingekochte und von Fett befreite Soße wird darübergegossen, und die Form wird in den warmen Ofen gesetzt. Die Rosinen 15 Minuten quellen lassen. In einer kleinen Pfanne bei kleiner Flamme den Zucker im Essig auflösen, die Pfanne vom Feuer nehmen, die Rosinen und die Pinienkerne dazugeben. Diese süßsaure Soße gut durchrühren und über das Fleisch geben. Das Gericht noch einige Minuten im Ofen stehen lassen.

GEBACKENER BLUMENKOHL

1 Blumenkohl / Mehl / 2 geschlagene Eier / Salz und Pfeffer nach Geschmack / Frittierfett.

Die grünen Blätter vom Blumenkohl entfernen, in kaltem Salzwasser aufsetzen und nicht ganz gar kochen. Gut abtropfen lassen und danach mit Mehl bestäuben, die Eier mit Salz und Pfeffer in einer tiefen Schüssel schlagen, den Blumenkohl im Ganzen darin wenden und dann in reichlich Frittieröl gleichmäßig braun ausbacken. Gut abtropfen lassen und als Beilage servieren.

O' FUNGO SUPPE

In Süd-Philadelphia erinnert man sich noch sehr gut daran, wie er war. Ohnehin hätte niemand einen Mann mit einem so ulkigen Spitznamen wie O'Fungo, „der Pilz", vergessen können: untersetzt, mit gelblichem Teint, bei weitem keine Schönheit. Nichtsdestoweniger war er ein guter Freund und ein Verbindungsmann „di prima qualità". Er hatte eine sehr spezielle Art der Unterhaltung. Wenn er mit jemandem einen

Disput hatte, nahm er ihn mit in die Küche, um dann seinem „amico" zu zeigen, wie geschickt er einen Champignon mit dem „stiletto" in Scheiben schneiden konnte.

Man erzählt sich, daß er nie eine Debatte verloren hat — höchstens ein paar Freunde.

(di prima qualita = von höchster Qualität, im Cosa-Nostra-Sprachgebrauch ein absolut vertrauenswürdiges Familienmitglied.
amico = Freund, im Cosa-Nostra-Gebrauch jemand, von dem man annimmt, daß er die Organisation verraten könnte).

1 Pfd. Champignons / 2 Eßl. Olivenöl / 1 Eßl. Schweineschmalz / 1 Zwiebel, in Ringe geschnitten / 2 Knoblauchzehen / Tomatenmark / Salz und Pfeffer nach Geschmack / 3 Eßl. gehackte Petersilie / 2 Eßl. geriebener Parmesankäse / geröstetes Brot.

Die Champignons waschen, in Scheiben schneiden und in eine Schüssel geben. Leicht salzen und dann einige Stunden stehenlassen, sodaß sie alle Feuchtigkeit verlieren. Einen Topf mit dem Öl, dem Schmalz, dem Knoblauch und der Zwiebel bei mittlerer Hitze aufstellen und alles langsam anbräunen lassen. Danach einige Eßl. Tomatenmark — aufgelöst in Wasser — hinzufügen, gut durchrühren und dann die gut getrockneten Champignons beigeben. Nach einigen Minuten 1/3 l Wasser mit Salz und Pfeffer zugießen und 10 Minuten langsam durchkochen lassen, bevor die gehackte Petersilie und der geriebene Käse beigefügt werden. In jeden Suppenteller eine Scheibe geröstetes Brot legen und die Suppe darübergießen.

LAMMKOTELETT „CALICO"

(Calico = bunt bedruckter Baumwollstoff)

750 g Lammkotelett / 4 Eßl. Olivenöl / 1 geriebene Zwiebel / 1 Pfd. reife Tomaten / 2 geschnittene Paprikaschoten / 3 Eßl. grüne Oliven / Petersilie, Salz und Kräuter.

Die Koteletts in 2 Eßl. heißem Fett braun braten. In eine andere Pfanne 2 Eßl. Olivenöl geben, die Zwiebel, die gehäuteten, geschnittenen Tomaten, die Paprikaringe, die Oliven und die grobgehackte Petersilie zufügen und 10 Minuten auf nicht zu großer Flamme braten. Danach das Gemüse über die Koteletts geben und zuletzt noch Kräuter und etwas Salz darüberstreuen.

MANDELKUCHEN

6 Eier / 150 g Zucker / 2 Eßl. Mehl / 1 Teel. Backpulver / 150 g gehackte Mandeln / 1 Teel. Vanillezucker / geriebene Schale von einer Zitrone / Butter.

Die Eidotter zusammen mit dem Zucker schaumig schlagen. Mehl, Backpulver, Mandeln, Vanillezucker und die geriebene Zitronenschale zufügen. Das Eiweiß steif schlagen und unterheben. Eine Kuchenform einfetten und leicht mit Mehl bestäuben. Dann den Teig einfüllen und bei mäßiger Hitze backen. Um zu prüfen, ob der Kuchen fertig ist, mit einem Cocktailspieß hineinstechen. Wenn kein Teig mehr daran hängen bleibt, ist der Kuchen durchgebacken.

Abkühlen lassen und auf eine Platte stürzen. Danach mit Puderzucker bestreuen oder den Kuchen glasieren.

WILDE FENCHELSUPPE

Croutons / Butter / 750 g Fenchel / 250 g Gruyère-Käse in Scheiben / Salz.

Die Croutons in Butter goldbraun backen. Die grünen Stiele des Fenchels entfernen, die Knollen in Scheiben schneiden und nicht ganz gar kochen. Fenchel aus dem Wasser nehmen, abtropfen lassen und das Kochwasser aufbewahren. Danach eine feuerfeste Form einfetten, eine Lage Croutons auf den Boden legen, darauf die Käsescheiben und zum Schluß die Fenchelscheiben. Das Ganze mit dem Fenchelwasser löffelweise übergießen. Obenauf Butterflocken geben und im heißen Ofen 20 Minuten backen. Heiß servieren.

PORK SCALOPPINE

(Pork scaloppine = Schweineschnitzel)

2 Eßl. gewürfelter Speck / Olivenöl / 1 zerdrückte Knoblauchzehe / 500 g dünne Schweineschnitzel / 1 Eßl. Mehl / 1 Glas Marsala (trockener Rotwein) / 2 Eßl. Butter / Salz und Pfeffer nach Geschmack.

Den Speck zusammen mit der zerdrückten Knoblauchzehe leicht in Olivenöl anbräunen. Die Schnitzel schnell auf großer Flamme rundherum anbraten, aus der Pfanne nehmen und warmstellen. Das Mehl unter die Butter kneten und zusammen mit dem Glas Rotwein zum Fett in die Pfanne geben. Die Soße glattrühren und über die Schnitzel gießen.

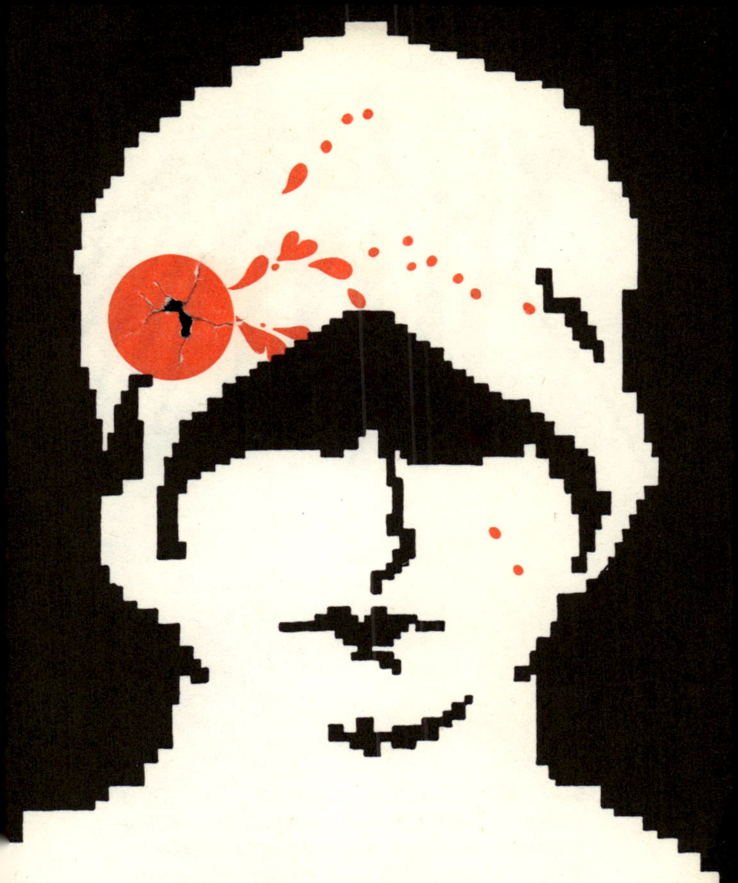

BORDELL-FENCHEL

(Fiocchio in Bordello)

Fenchel ist zwar ein Gemüse, aber „Finocchio" war auch der Name eines jungen Burschen, der in Boston eine Kette von „Bordelli" betrieb. Keine seiner vielen Schönheiten durfte jemals mit ihm soupieren, ausgenommen Gina, eine Hure mit einem wahrlich madonnenhaften Antlitz; mit einem Wort: ein Satansweib. Ihre Spezialität – außerhalb des Schlafzimmers jedenfalls – war dieses fantastische Gebäck, das nach ihrem Beschützer benannt ist.

500 g Mehl / 300 g Zucker / 2 Eier / 200 g Butter / Backpulver / etwas Milch / 200 g Rosinen / 100 g Aniskörner / Nelken / Zimt / Salz / 100 g gehackte Mandeln / 75 g gehackte Walnüsse.

Mehl, Zucker, Eier und die Butter auf einem Brett gut kneten. Das in ein wenig Milch aufgelöste Backpulver zufügen, sodaß ein geschmeidiger Teig entsteht. Die Rosinen kurz in etwas warmem Wasser quellen lassen, abtrocknen und zusammen mit den Nüssen unter den Teig mengen. Die Aniskörner und 2 bis 3 Nelken zerstampfen und mit einer Prise Zimt und Mehl unterkneten. Das Brett mit etwas Mehl bestäuben und den Teig etwa 1 cm dick ausrollen. Dann den Teig in kleine Rauten schneiden, auf ein Backblech legen und im mäßig warmen Ofen ausbacken. Wenn das Gebäck goldbraun ist, wird es aus dem Ofen genommen und heiß serviert.

AGLIO E OLIO

(Aglio e olio = Soße aus Knoblauch und Öl)

„Dann wurden Messer und Pistolen vom Tisch genommen und Mr. Maranzano gab den Befehl, das Essen aufzutragen. Ich sah keine einzige Frau. Ich bin auch nicht in die Küche gegangen, um nachzusehen. Es war zweifellos auch nicht der geeignete Augenblick, um sich umzusehen. Das Essen wurde auf großen Tabletts hereingetragen. Zuerst gab es Spaghetti „aglio e olio", danach Huhn und verschiedene Sorten Fleisch. Kalbfleisch auch, glaube ich."
(Aus dem Tagebuch von Joe Valachi).

Guter Alter Joe. Natürlich sah er „keine einzige Frau". Ich und noch ein paar andere „picciotti" hatten mindestens 10 Stunden in der Küche gestanden, um diese Platten herzurichten, Joe drückte sich etwas ungenau aus, darum folgen hier die genaueren Rezepte. Und übrigens: wenn man etwas nicht ganz genau weiß, ist es besser, „la bocca chiusa" zu halten. Joe hätte es eigentlich wissen müssen.
(picciotti = junge Mitglieder der Organisation,
la bocca chiusa = den Mund halten)

1 Pfd. dünne Spaghetti / 5 Eßl. Olivenöl / 1 zerdrückte Knoblauchzehe / 75 g Anchovisfilet / Salz und Pfeffer nach Geschmack.

Während die Nudeln kochen, wird das Olivenöl bei kleiner Flamme in eine Pfanne gegeben, zusammen mit der zerdrückten Knoblauchzehe. Die Anchovisfilets mit einer Gabel so fein zerdrücken, daß sie sich vollständig im Öl auflösen. Die Nudeln „al dente" kochen, abtropfen lassen, die Anchovissoße darübergießen und nach Belieben mit einer Prise Pfeffer würzen. Käse ist nicht nötig.

TOURNEDOS OREGANO

3 Eßl. Olivenöl / 1/2 Teel. gemahlener Oregano / Salz / 1 zerdrückte Knoblauchzehe / 4 Tournedos, ca. 3 1/2 cm dick / 1 Bund frischer Oregano.

Das Olivenöl auf kleiner Flamme zusammen mit dem Oregano, einer Prise Salz und dem Knoblauch erhitzen, gut durchrühren. Die Tournedos in eine Grillpfanne geben und das Fleisch von Zeit zu Zeit mit dem in die Soße getauchten Bund Oregano bestreichen.

HÄHNCHEN VALACHI

1 Poularde / Salz / Sellerie / Petersilie / Basilikum / 1 Eidotter / Olivenöl / Saft von einer Zitrone / 50 g Thunfisch / 1 Eßl. Kapern / 2 Anchovisfilets.

Einen großen Topf Wasser mit Salz, geschnittenem Sellerie, Petersilie und Basilikum aufsetzen. Das Huhn ausnehmen und waschen, sobald das Wasser kocht, das Huhn hineingeben und langsam garkochen lassen. Aus Eidotter, Salz, Olivenöl und Zitronensaft eine leichte Mayonnaise herstellen. Den Thunfisch zusammen mit den Kapern und den Anchovisfilets feinschneiden und unter die Mayonnaise rühren. Sollte die Soße nicht sauer genug sein, kann man etwas Essig hinzufügen. Das Huhn aus der Brühe nehmen, abkühlen lassen, zerlegen und das Fleisch auf eine Platte legen. Die Soße darübergießen und die Platte mit gemischtem Salat garnieren.

PAN DI SPAGNA

(Pan di spagna = leichter, trockner, gelber Kuchen)

5 Eßl. Kartoffelmehl / 100 g Mehl / 6 Eier / 125 g Zucker / 1 Vanillestange / 5 Eßl. geschmolzene Butter.

Die beiden Sorten Mehl sieben. Eine hohe Kuchenform (rund) einfetten und dann mit Mehl bestäuben. Das überschüssige Mehl durch leichtes Klopfen entfernen. Nun in eine Mischschüssel die 6 Eidotter geben, den Zucker und die Vanillestange. Mit einem Schneebesen oder Holzlöffel kräftig schlagen, damit die Eier sehr schaumig werden. Das Eiweiß zu steifem Schnee schlagen und unter den Teig ziehen. Dann löffelweise das Mehl zugeben und anschließend die geschmolzene Butter. Wenn alle Zutaten gut vermischt sind, nimmt man die Vanillestange heraus. Die Masse in die Kuchenform gießen, oben glatt streichen und im heißen Ofen 40 Minuten backen.

Die Form abkühlen lassen, ehe man den Kuchen herausnimmt.

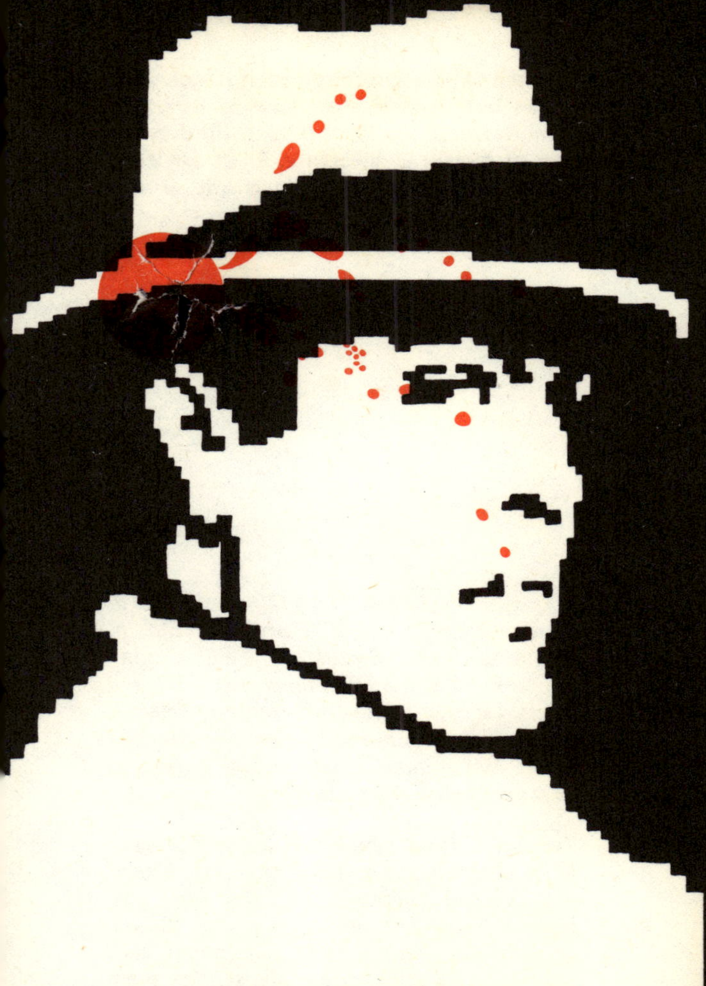

REIS VOM „DON"

(Don = Ehrentitel, der für die wichtigsten und einflußreichsten Mitglieder der Cosa Nostra reserviert ist).

Eine ganz besondere Figur in einer Abteilung ist der „Puffer" – der Verbindungsmann. Er ist nicht auf dem Niveau des Don angelangt, ist aber auch kein Untergebener mehr; er ist Steuermann und doch kein Kapitän. Er denkt, aber er lenkt nicht. Er

beratschlagt die verschiedensten Angelegenheiten mit seinem Don, aber er ist doch kein Ratgeber. Er kämpft zwar für ihn, ist aber nicht sein Leibwächter. Er ist der Vorkoster des Don und deshalb gilt er als Gourmet.

1 Zwiebel in Ringen / 75 g Olivenöl / 250 g Lendenbraten / 4 Eßl. Rotwein / 500 g kleine Tomaten / Basilikum / 3 Eßl. Tomatenmark / 1 Ei / 3 Eßl. Paniermehl / 3 hartgekochte Eier / 200 g Mozzarella (italienischer Käse, den man in jedem Feinkostgeschäft bekommen kann) / 500 g Reis / 75 g geriebener Käse / Salz.

Zwiebel in Ringe schneiden und mit Olivenöl in einem irdenen Topf anbraten. Wenn die Zwiebel hellbraun ist, gibt man das Fleisch hinzu und brät es von allen Seiten an. Danach wird der Wein zugegossen, und wenn der Alkohol verdampft ist, fügt man die in Stücke geschnittenen Tomaten, das Basilikum und das aufgelöste Tomatenmark bei. Deckel daraufgeben und alles langsam gar schmoren lassen. Falls nötig, gibt man von Zeit zu Zeit etwas Wasser zum Fleisch.

Ist das Fleisch gar, wird es aus dem Topf genommen und halbiert. Die eine Hälfte kommt feingeschnitten in die Soße zurück, die andere wird sehr feingehackt und wird zusammen mit 1 Ei und dem Paniermehl in eine Schüssel gegeben. Alles wird gut vermengt — falls die Masse zu weich ist, noch etwas Paniermehl zufügen. Kleine

Fleischbällchen daraus formen, etwa von der Größe einer Kirsche, und in heißem Fett frittieren. Die hartgekochten Eier und den Mozzarella in Scheiben schneiden.

Den Reis ‚al dente' kochen, kurz ausdampfen lassen und 3/4 der Soße darübergießen. Einen hohen feuerfesten Topf einfetten und mit Paniermehl bestäuben. Die Hälfte vom Reis einfüllen, die Hälfte der Fleischbällchen zusammen mit dem Mozzarella, den Eischeiben, dem geriebenen Käse und noch einem Teil der Soße daraufgeben, danach eine neue Schicht mit dem restlichen Reis und den übrigen Zutaten. Etwas Olivenöl und Paniermehl obenauf geben und den Topf für 15 Minuten in den heißen Ofen setzen. Man kann dem Gericht im Grill eine braune Kruste geben.

HÄHNCHEN MIT KRÄUTERN

1 Brathähnchen (ca. 1250 g) / Petersilie / Basilikum / 350 g reife Tomaten / 25 g Butter / 3 Eßl. Olivenöl / 1 Zwiebel in Ringen / 1 Glas trockener Weißwein / Chilipfeffer / Salz.

Hähnchen waschen, abtrocknen und in Stücke schneiden. Die gewaschene Petersilie zusammen mit dem Basilikum feinhacken. Die Tomaten häuten und in Stücke schneiden. Butter und Olivenöl in einer Pfanne erhitzen und die Hähnchenteile zusammen mit den Zwiebelringen darin anbraten, ab und zu etwas Weißwein nachgießen und mit etwas Chilipfeffer würzen. Wenn das Hähnchen braun ist, fügt man die Tomaten, die Petersilie und das Basilikum bei. Salzen und das Ganze gut durchmischen, danach einen Deckel auf die Pfanne geben und alles bei mäßiger Hitze noch eine Stunde brutzeln lassen. Falls nötig, ein bißchen Wasser nachgießen.

MÖHREN IN MARSALA

500 g Möhren / 2 Eßl. Butter / trockener Marsala / Salz.

Die Möhren abschaben und in dünne Scheiben schneiden; salzen und in brutzelnder Butter backen. Ein paar Eßl. Marsala hinzufügen und den Topf verschließen, bis die Möhren weich sind. Heiß servieren.

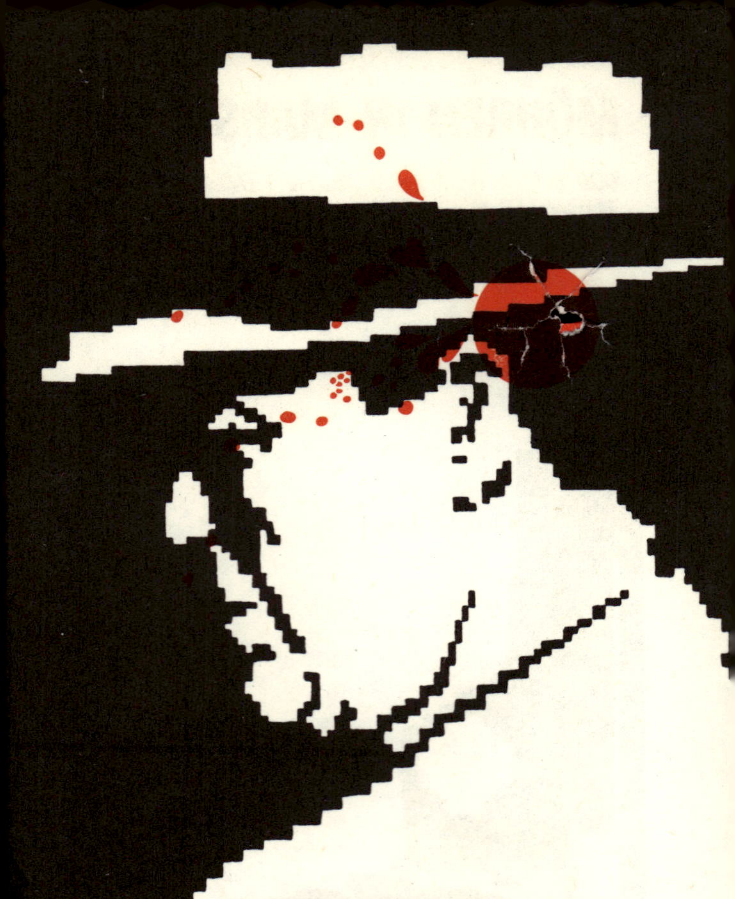

RICOTTA-KUCHEN (KÄSEKUCHEN)

(Ricotta = ungesalzener Frischkäse, Quark)

350 g ricotta (Gervais) / 350 g Zucker / 3 Eier / 350 g Mehl / geriebene Schale einer Zitrone / 1 Teel. Backpulver / 1 Eßl. Butter.

Den Quark mit dem Zucker etwa 10 Minuten kneten, danach 3 Eidotter hinzufügen und anschließend das Mehl, die geriebene Zitronenschale und das Backpulver untermengen. Die Eiweiß steifschlagen und sehr vorsichtig unter die Masse ziehen. Eine

Kuchenform mit Butter einfetten, den Teig einfüllen und in den heißen Ofen setzen. Mit einem Holzspieß oder einem kleinen Messer anstechen, um zu prüfen, ob der Kuchen durchgebacken ist. Gut abkühlen lassen, auf eine Platte stürzen und mit Puderzucker bestreuen. Kalt servieren.

SOUPPA DI ASPARAGI

(Spargelsuppe)

1 kg Spargel / Olivenöl / 1 gepreßte Knoblauchzehe / frisch gemahlener Pfeffer / 4 geschlagene Eier / 125 g geriebener Käse / geröstetes Brot oder Croutons.

Die Spargelspitzen kochen, abtropfen lassen und dann in einem tiefen Topf zusammen mit dem gepreßten Knoblauch ausbacken. Etwas frisch gemahlenen Pfeffer darüberstreuen und 1 l gesalzenes Wasser hinzufügen. Wenn das Wasser zu kochen beginnt, gibt man die geschlagenen Eier und den geriebenen Käse bei. Vorsichtig umrühren, damit die Suppe durch die Eier gebunden wird. Mit gerösteten Brotwürfeln oder Croutons servieren.

HÄHNCHEN „SECONDO LA REGOLA"

(Secondo la regola = nach der Regel)

Wir prahlen nie. Das ist gegen „La Regola". Aber wenn man schon einmal angibt – dann bitte korrekt. Meyer Lansky hat einmal gesagt, wir seien größer als U. S. Steel. Nun, wir wollen 'mal sehen: 1969 hatte U. S. Steel Aktiva in Höhe von 5.600.000.000,– Dollar und einen Umsatz von 5.000.000.000.– Dollar, wovon nach Abzug der Steuern ein Reinertrag von 172.500.000,– Dollar übrig blieb. Wir dagegen haben einen Umsatz von 50.000.000.000,– Dollar – mit anderen Worten: 10mal so viel wie U. S. Steel. Wir machen einen Profit, der größer ist als der von General Motors, Standard Oil, Ford, General Electric, Alcoa und U. S. Steel zusammen. Warum sollten wir also nicht gut essen?

4 kl. Auberginen / 1 Hähnchen (1250 g) / Olivenöl / 100 g gewürfelter geräucherter Schinken / 1 zerdrückte Knoblauchzehe / trockener sizilianischer Weißwein / 350 g Tomaten / Salz und Pfeffer nach Geschmack / Petersilie.

Die Auberginen der Länge nach in etwa 1 cm dicke Streifen schneiden, salzen und eine halbe Stunde stehen lassen; vorsichtig ausdrücken und leicht abtrocknen. Das Hähnchen zerteilen, mit dem Schinken und dem Knoblauch in Olivenöl anbraten. Wenn das Fleisch rundherum goldbraun ist, mit einem Glas Weißwein übergießen und durchkochen

lassen. Danach die Tomaten, das Salz und den Pfeffer beifügen und alles im geschlossenen Topf langsam schmoren lassen. Die Auberginen braten und zum Hähnchen geben. Kurz bevor man den Topf vom Feuer nimmt, wird das Gericht mit reichlich Petersilie bestreut.

MANDELMILCH

500 g Mandeln / Zucker.

Die Mandeln in einem Mörser zerstampfen. Den Mandelpuder in eine Schüssel geben und so viel Wasser zufügen, daß es 5 cm über den Mandeln steht. Für mindestens 4 bis 5 Stunden kaltstellen. Danach die Flüssigkeit durch ein Tuch sieben und ab und zu etwas ausdrücken, um die letzten Reste der Mandelmilch herauszuholen. Die Milch süßen und eiskalt mit gemischten Keksen servieren.

ROTGLÜHENDE MAKKARONI

Salz / 5 Eßl. Olivenöl / 4 Knoblauchzehen / 6 große getrocknete milde Pepperoni / 1 Pfd. dicke Makkaroni.

Einen Topf mit Salzwasser zum Kochen bringen. Das Olivenöl in einer eisernen Pfanne mit 3 der Knoblauchzehen erhitzen. Kurz anbräunen und dann die Pepperoni beigeben. Wenn diese ein bißchen aufgehen und glänzend werden, nimmt man sie zusammen mit den Knoblauchzehen aus dem Fett und stampft sie in einem Mörser fein, bis sich eine Art Soße bildet. Die Makkaroni ‚al dente' kochen und etwas Olivenöl in einen Topf geben. Darin die letzte Knoblauchzehe goldbraun braten, die Pfeffersoße beigeben und sehr schnell unter das Öl rühren, damit die Soße nicht schwarz wird. Dann über die abgetropften Makkaroni gießen, die dann wie rotglühendes Feuer aussehen.

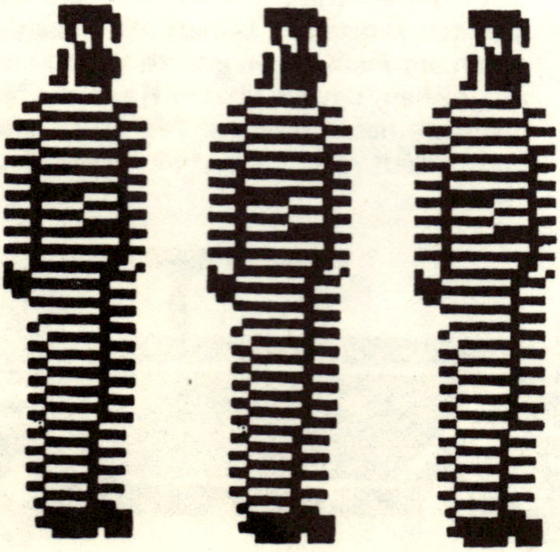

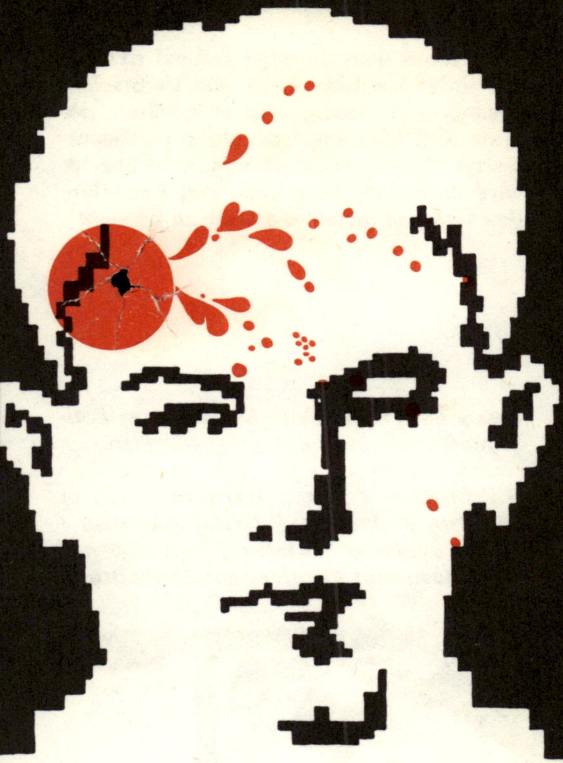

SCHNEPFEN A LA CESARE MORI

Der typische Mafioso ist unauffällig gekleidet, respektiert jedermann, spricht nur mit leiser Stimme und ist äußerst zurückhaltend und bescheiden. Wenn man ihn beleidigt, fährt er nicht gleich aus der Haut, sondern scheint bereit, die Sache auf sich beruhen zu lassen. Zum tödlichen Schlag holt er nur aus, wenn die Gelegenheit günstig ist und auch dann nur so, daß er auch mit Gewißheit ungestraft davonkommt. Der Polizei gegenüber benimmt er sich immer höflich und respektvoll, ja, er gibt sich sogar den Anschein, als wolle er so viel wie möglich helfen und stehe allezeit zu Diensten.

Aber wenn man ihn über jemand befragt, der unter Verdacht steht, ein Verbrechen begangen zu haben, wird er erklären, der arme Kerl könne nur das Opfer beklagenswerter Mißverständnisse sein, oder aber er wird hartnäckig bestreiten, den Betreffenden auch nur im entferntesten zu kennen.

Cesare Mori = von Mussolini ernannter Polizeipräfekt in einem Bericht aus Sizilien.

2 Schnepfen / Salz / 100 g Schinken in Scheiben / Olivenöl / 1 Glas Weißwein / 1 Glas trockener Marsala / 2 Teel. Kapern / 4 Anchovisfilets / Butter / geröstetes Brot.

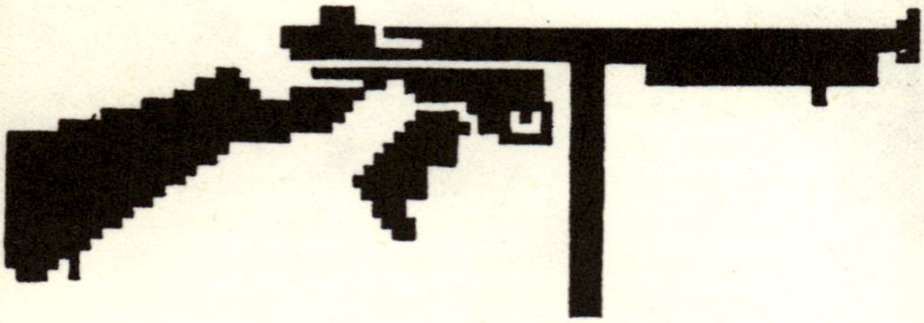

Die Schnepfen waschen, abtrocknen und außen und innen salzen. Ein paar Scheiben Schinken um die Brust der Schnepfen legen und mit einem Faden umwickeln. In Olivenöl hellbraun anbraten. Danach ein wenig Weißwein und Marsala zugießen und bei mäßiger Hitze langsam durchschmoren lassen. Magen, Leber und Herz waschen und zusammen mit den Kapern und den Anchovisfilets sehr fein hacken und in ein wenig Butter braten. Wenn alles schön braun ist, ebenfalls etwas Weißwein und Marsala zufügen und noch 20 Minuten schmoren lassen. Diese Soße auf Toastscheiben verteilen und um die Schnepfen auf einer Platte garnieren.

GEBACKENE KARTOFFELN MIT CHAMPIGNONS

1 kg Kartoffeln / 1 kg Champignons / altes Brot / Petersilie / Salz und Pfeffer nach Geschmack / alter geriebener Käse / Olivenöl.

Die Kartoffeln in 1/2 cm dicke Scheiben schneiden und die Champignons halbieren. Auf ein Backblech gibt man nun eine Schicht leicht gesalzene Kartoffeln und darauf eine Lage Champignons. Das zerkrümelte alte Brot, das mit einigen Tropfen Wasser angefeuchtet wurde, wird mit der Petersilie, Salz, Pfeffer und einem Teil des geriebenen Käses vermengt. Die Champignons mit der Hälfte dieser Masse bedecken und ein paar Löffel Olivenöl darübergeben. Dann wieder eine Schicht Kartoffeln, eine Schicht Champignons und den Rest des Brotgemisches daraufgeben. Obenauf wiederum geriebenen Käse und einige Löffel Olivenöl geben und etwa eine Stunde in den mäßig warmen Ofen setzen.

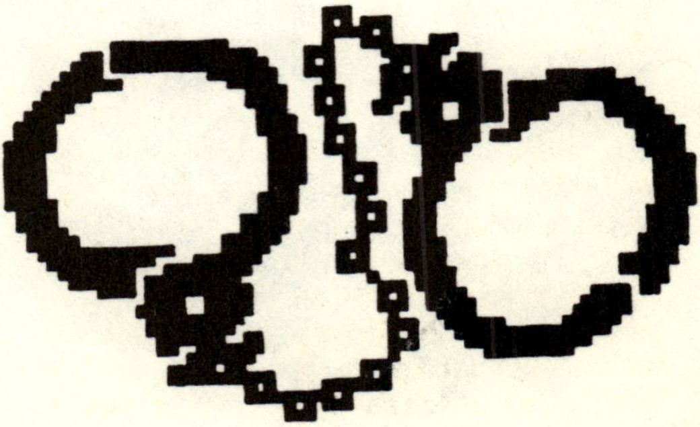

VISI BIANCHI

(Visi bianchi = Bleichgesichter)

3 Eiweiß / 125 g Zucker / geriebene Schale einer Zitrone / 100 g gehackte Walnüsse.

Die Eiweiß sehr steif schlagen, Zucker, die geriebene Zitronenschale und die feingehackten Walnüsse beifügen. Ein Backblech mit Pergamentpapier auslegen und das Gemisch löffelweise in kleinen Häufchen mit genügend Abstand daraufsetzen. Die Meringues 20 Minuten bei mäßiger Hitze im vorgewärmten Ofen ausbacken.

INHALT:

Ein Dutzend komplette Menues, von denen jedes mindestens aus Vorgericht, Hauptgericht und Dessert besteht. Auf den ersten Blick mag die Zusammenstellung willkürlich erscheinen, sie ist aber sorgfältig ausgewählt.

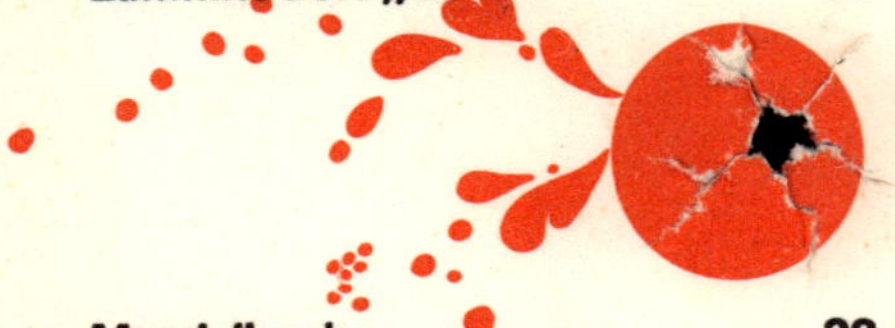

Teigwaren und Suppen:

Fleischgerichte, Wild und Geflügel:

Gemüse und Salate:

Desserts:

ISBN 3-88117-020-0
VVA 280 000 20

Martinistraße 2, D-4400 Münster

Printed in Germany
Imprimé en Allemagne
Layout: Jacques Jenken
Gesamtherstellung: Druckhaus Cramer, Greven